Oraison Funèbre

De

LOUIS XVIII,

Roi de France.

A Nantes,

De l'Imprimerie de Mellinet-Malassis.

Oraison Funèbre

DE LOUIS XVIII,

Roi de France,

Prononcée

Dans l'Eglise Cathédrale de Nantes,

Le 25 Octobre 1824,

PAR M. AUDRAIN,

Professeur de Rhétorique au Petit Séminaire de Nantes.

A Nantes,

De l'Imprimerie de Mellinet-Malassis,

Imprimeur de Mgr. le Dauphin,

De Mgr. l'Evêque, du Clergé et des Administrations.

ORAISON FUNÈBRE

DE LOUIS XVIII,

ROI DE FRANCE.

——◦⊂⊃◦——

In tempore placito exaudivi te, et in die salutis auxiliatus sum tui ; et servavi te, et dedi te in fœdus populi, ut suscitares terram, et possideres hæreditates dissipatas.

Je vous ai exaucé, dans le tems qu'il m'a plu, et je suis venu à votre secours au jour marqué par le salut : je vous ai gardé pour être un lien de concorde entre le peuple, pour finir les maux du pays et recueillir les débris d'un héritage dissipé.

(Isaïe. 49, v. 8.)

Monseigneur,

C'est Dieu qui frappe et qui guérit, qui conduit aux portes du tombeau et qui en rappelle, qui donne ou brise à son gré les sceptres. Les révolutions des empires sont toujours ou des coups terribles par lesquelles il châtie notre orgueil, ou des retours miséricordieux, qui nous consolent des rigueurs de sa justice. De peur que nous ne pensions qu'il abandonne au hasard le cours des choses humaines, il réveille de tems en tems, par de grands coups, notre foi endormie. Si l'ordre journalier, si le concert admirable de l'univers ne frappe plus des yeux accoutumés à ce spectacle, il sait bien rompre ce funeste charme, en faisant retentir à nos oreilles le fracas épouvantable des trônes qui s'écroulent, et entraînent dans leur chute les plus saints Rois, ou le bruit non moins effroyable de la tyrannie long-tems triomphante et tout-à-coup renversée. Tantôt, il ouvre le puits de l'abyme pour en laisser échapper l'esprit de révolte et de fureur qui agitent les peuples et ébranlent le monde ; tantôt, il tire des trésors de sa colère, des génies audacieux, devant lesquels la terre se tait et tremble; puis, brisant tout-à-coup ces instrumens de ses vengeances, il prend par la main l'homme de sa droite, l'amène au tems qu'il a marqué, applanit devant lui tous les obstacles, le montre comme un ange de paix aux nations désolées, et le fait entrer, sans violence, dans son héritage, pour en réparer les ruines. *In tempore placito exaudivi te..... ut.... possideres hæreditates dissipatas.*

Chrétiens, que rassemble cette pieuse et lugubre cérémonie, je ne viens élever ma faible voix, au milieu de cet appareil funèbre, que pour vous engager à reporter vos regards vers celui par qui règnent les Rois. Je viens vous convaincre , par un grand et nouvel exemple, qu'il tient en ses mains divines la destinée des nations, et qu'il leur prépare de loin , pour les jours de réconciliation et de grâces, des maîtres pleins de bonté , des Rois justes , des législateurs sages, des pacificateurs et des pères. Je viens vous montrer, dans un Monarque illustre , plus grand encore par ses infortunes et par ses vertus que par sa naissance, d'un côté , une disposition admirable de la Providence qui le destinait à essuyer nos larmes, et, de l'autre , une constance invariable à remplir cette auguste mission. Je viens remettre sous vos yeux , avec quelques traits d'une si belle vie , d'un esprit si solide et si droit , d'un cœur si noble , d'une sagesse si haute et si justement admirée , le spectacle des malheurs les plus inouis et d'une prospérité non moins étonnante. Un Roi , sans états , sans appui , sans asile, errant au milieu des périls , malgré la rigueur des hivers ; un Roi , au-dessus de tant de maux par sa constance , mais en butte aux lâches attaques et aux perfidies des uns , repoussé par les autres, dédaigné d'un grand nombre , et portant, de contrée en contrée , comme un fugitif, cette royauté dépouillée qu'il savait rendre si vénérable. Vingt-cinq années passées dans les privations et dans l'exil , après des jours si paisiblement coulés sur les marches du trône, parmi les douceurs, et au milieu des bénédictions de tout un peuple.

Et puis, un retour presque inattendu, un triomphe glorieux, le Monarque rendu à ses sujets, le père à ses enfans ; des jours de joie et de félicité après les plus grands désastres ; le souvenir de l'exil effacé par l'empressement, l'amour et les acclamations ; les plaies guéries par la sagesse ; l'édifice reconstruit sur ses antiques fondemens ; le trône affermi ; l'héritage recueilli, possédé en paix, et transmis sans obstacle à un frère bien-aimé. *Servavi te.... ut possideres hæreditates dissipatas.*

A quelle pensée pouvais-je m'arrêter, qui fût plus digne du Prince auguste que nous pleurons, que de vous le faire voir, orné par le Tout-Puissant des vertus qui font les grands Rois, et replacé miraculeusement sur le trône de ses ancêtres, pour mettre fin à nos maux et à nos discordes par sa modération et sa sagesse ? Vous n'attendez de moi, Messieurs, ni un art étudié, ni une éloquence pompeuse. Trop faible pour un si grave sujet, je n'oserais pas me jeter dans une carrière toute nouvelle, si je n'étais assuré que, pour répondre à vos sentimens, il suffit de laisser parler les choses, que l'éloquence ne saurait rien ajouter à la gloire d'un règne à jamais mémorable ; et, dans une tâche difficile, j'ai du moins la consolation de penser qu'il ne faut ni ornemens, ni pompe pour faire paraître admirable la vie et la mort de Très-Haut, Très-Puissant et Très-Excellent Prince LOUIS Dix-Huitième du Nom, Roi de France et de Navarre.

I.ᵣₑ Partie. — Tous les dons excellens, dit un Apôtre, descendent des cieux; celui qui les répand est le père des lumières, qui n'éprouve ni changement, ni affaiblissement, ni ombre de vicissitude. Comme il est la source de toute-puissance, et que c'est lui qui la communique à qui il lui plait, se réservant d'en demander compte aux grands et aux Rois, d'interroger leurs œuvres, et de sonder leurs pensées; c'est lui aussi qui les prépare d'avance pour l'accomplissement de ses impénétrables desseins, les appelant long-tems d'avance par leur nom, comme Cyrus, ou les revêtant de force et d'impétuosité comme Alexandre, ou les remplissant de sagesse comme Salomon. *Car*, dit ce grand Roi, *nous sommes dans sa main, nous, nos discours, et toute notre prudence.*

Or, Chrétiens, qui n'a pas vu, qui n'a pas admiré dans Louis un rare assemblage de toutes les qualités royales ? Qu'a-t-il laissé à regretter de ce que les peuples veulent rencontrer dans ceux qui les conduisent, de ce qui relève la majesté du trône? Où trouverez-vous, dans un plus haut degré, et les dons de l'esprit, et les vertus du cœur, ce qui rend propre aux grands desseins, ce qui fait paraître digne, non-seulement de porter le sceptre, mais d'être regardé comme un ministre de paix, et un gage de réconciliation ? Quand l'éclat et la splendeur de la plus belle couronne du monde ont-ils été soutenus par de plus nobles sentimens ?

Quel prince a paru plus grand, ou dans la prospérité, ou dans l'infortune? Qui montra jamais une instruction plus étendue, un courage plus invincible, un cœur plus généreux, une prudence plus consommée?

Dès cet âge tendre, où l'esprit se développe à peine, et où tous ceux qui approchent des enfans des Rois cherchent, dans leurs moindres paroles, le présage de la félicité publique, Louis étonnait déjà par la justesse de ses réponses, la pénétration de son intelligence, et les sages réflexions d'un esprit droit, qui s'arrête au solide et voit, d'un regard sûr, le point de la difficulté, aussi bien que le moyen de la vaincre. Déjà, les hommes judicieux aux talens et à la prudence desquels LE DAUPHIN, un Prince si éclairé et si vertueux, avait confié l'espoir de la France, annonçaient hautement tout ce que Louis porterait, dans les affaires, de discernement, de lumières, de sagesse et de fermeté. Heureux présage que l'événement a surpassé! Dirai-je, Messieurs, combien ses vues étaient profondes, ses conseils solides, ses remarques judicieuses? Dirai-je avec quelle confiance il était consulté par son illustre et infortuné frère? Ajouterai-je avec quel soin il avait cultivé les lettres et les sciences, noble charme de ses loisirs pendant la prospérité, et qui devaient être, dans l'infortune, la consolation de son exil? Qui ne sait que les plus belles langues lui étaient familières, que rien n'échappait à la délicatesse de son esprit, que les savans et les artistes sortaient plus instruits de ses entretiens, et que sa mémoire, guidée par son cœur, trouvait toujours, dans ce qu'ils avaient fait de mieux, de quoi encourager leur émulation par l'éloge le plus flatteur et le moins attendu ? Qu'ai-je besoin de remarquer qu'il aurait ajouté à la gloire des lettres par des chefs-d'œuvre, s'il n'avait pas été destiné à la soutenir par sa royale protection ? J'aime mieux vous le montrer puisant dans l'histoire les grandes instructions qui rendent le passé profitable pour l'avenir. C'est là qu'il apprenait à connaître les hommes et leurs passions impétueuses, par quel frein on les enchaîne, quelle imprudence les pré-cipite, à quels excès ils s'abandonnent, et de quelle sagesse on a besoin pour les ramener. Ce n'était pas pour lui un stérile effort de mémoire qui accumule les événemens et les récits ; c'était une étude sérieuse qui, remontant aux causes, en envisageait mieux les effets, portait un juge-ment sûr des hommes et des siècles ; se convain-quait de plus en plus de cette vérité salutaire, que les orages qui s'élèvent parmi les peuples, ne peuvent être prévenus que par la justice et la fermeté, et appaisés que par la modération.

Messieurs, c'est déjà vous avoir dit qu'un prince livré à de si importans travaux, savait le prix d'un instant perdu, mettait à profit jusqu'aux voyages que le plaisir seul semblait avoir réglés, et ne regardait point comme digne du rang suprême une vie de délices et de repos. Ainsi mûrissait-il dans la paix cet esprit vigoureux qui parut si étendu et si judicieux dans les tems difficiles, et cette capacité étonnante qui suffisait seule à une multitude de soins, et cet amour du travail que ni la continuité, ni les difficultés les plus épineuses ne pouvaient lasser ; comme ces athlètes de la Grèce, qui ne paraissaient si vigoureux dans la lutte, que parce qu'un long exercice les avait préparés au combat.

Mais, Messieurs, gardons-nous de ne voir dans cet amour de l'étude et de l'application qu'une ardeur de tempérament, qu'un fruit du goût et de l'habitude, une passion pour les plaisirs de l'esprit, qui remplace souvent, dans les âmes cultivées, des penchans moins dignes d'elles. C'était dans notre glorieux prince, le besoin d'un noble cœur. S'instruire des grands devoirs de la royauté, aimer à les remplir, s'y dévouer avec un zèle constant, se croire redevable de tous ses momens au bonheur des hommes, lors même que, séparé d'un peuple si cher, il pouvait à peine conserver l'espoir de le gouverner un jour : voilà ce qu'il avait appris de son généreux père, ce qui était comme la vie de cette âme vraiment royale, ce qui le rendait infatigable aux travaux les plus assidus.

Et comment le travail aurait-il vaincu un cœur si fort et si robuste, selon l'expression des divines écritures, *confortare et esto robustus ;* un cœur où Dieu avait mis, comme dans les conducteurs de l'ancien peuple, tant de fermeté, d'intrépidité et de grandeur ; un cœur incapable de crainte et de lâcheté ; un cœur invincible aux coups de la mauvaise fortune, comme aux menaces, aux offres trompeuses et aux privations ! Qu'un traître, par un horrible attentat, dirige contre cette tête auguste un plomb meurtrier, et laisse sur ce front vénérable, avec la trace de son crime, la marque d'une protection toute divine : *Un peu plus bas,* répond tranquillement l'intrépide Monarque, *et le Roi de France s'appelait Charles X.* Veut-on qu'il se retire d'un lieu si dangereux ? *Que faites-vous ?* ajoute-t-il avec le sang-froid qui caractérise son auguste race, *on va croire que nous avons peur.* Non, Roi magnanime, vous n'aviez peur ni des perfides qui vous poursuivaient d'asile en asile, et que vos droits sacrés faisaient trembler encore, ni de ce que l'adversité vous réservait de plus rude. Pendant que vous fuyiez dans la saison la plus rigoureuse, à travers les neiges et les glaces, sans savoir où reposer le soir, ne trouvant pour palais, après tant de fatigues, qu'un réduit obscur, que vous partagiez avec deux admirables princesses et quelques fidèles compagnons de vos infortunes ; lorsque vous n'aviez pour ressource que les alimens grossiers du pauvre, vous vit-on jamais ou triste ou abattu ? N'était-ce pas vous qui souteniez les courages et qui faisiez oublier une journée pénible par une gaîté douce et d'aimables propos ? Qui a pu découvrir en vous des alarmes ou des inquiétudes ? Toujours calme et inébranlable dans cette vie errante et douloureuse, vous ne témoigniez ni ennui, ni regret. Aucun soupir ne sortait de votre bouche, si ce n'est sur les malheurs de votre peuple, ou les souffrances de vos serviteurs. Les maux d'autrui pouvaient seuls altérer votre sérénité. Mais, pour vous, l'adversité vous a montré à toute l'Europe, intrépide, généreux, invincible et vraiment Roi. Si les desseins de Dieu sur vous, ne vous ont pas permis de montrer sur un champ de bataille la valeur de Henri-le-Grand, cette bravoure naturelle aux Bourbons, qui vient d'immortaliser un illustre prince, si digne de votre adoption et de votre amour; ô Roi, l'éclat de votre courage n'en sera point terni ; les guerriers eux-mêmes (je le dis sans crainte devant ces âmes intrépides) admireront une fermeté plus rare encore que l'ardeur bouillante qui s'enflamme au milieu du carnage. Eh ! les piéges qu'on vous a tendus, sans vous émouvoir, les périls que vous avez vus d'un œil si tranquille, ne disent-ils pas assez que votre cœur, inébranlable à tant de coups, aurait encore entendu les foudres de bronze gronder autourde votre tête, avec le même calme que vos glorieux ancêtres?

Chrétiens, je sens que je dérobe quelque chose à la gloire de ce grand Prince. Pour vous la montrer tout entière, il faudrait vous rappeler quel courage il fit paraître auprès d'un frère bien-aimé, de ce Roi magnanime, que la postérité distinguera toujours entre les autres enfans de Saint-Louis par le glorieux surnom de Martyr. Il faudrait vous peindre ce regard assuré, qui déconcertait les rebelles les plus audacieux, et cette tranquillité inaltérable au milieu de leurs menaces, et cette rare présence d'esprit qui arrêtait par une réponse imprévue l'insolence de leurs interrogations.

Mais, Messieurs, j'aime mieux soustraire à vos regards une partie de la gloire de cet illustre Monarque, que de retracer, pour la montrer dans tout son éclat, des tems et des horreurs que je voudrais pouvoir effacer des pages sanglantes de l'histoire. Français, laissons dans un profond oubli ce que nous ne saurions rappeler sans confusion ; Chrétiens, couvrons du voile de la charité des souvenirs qui ne seraient peut-être pas encore sans aigreur et sans haine; sujets d'un Roi plein de clémence, en continuant à détester les crimes, ne disons rien qui humilie le repentir; et souvenons-nous que ce serait mal honorer la tombe du souverain qui a pardonné, que de faire, de son éloge, une occasion de rappeler, par des peintures vives, les erreurs et les tems douloureux dont il nous a recommandé l'oubli.

Mais, si ce temple saint, si cette chaire où la vérité ne doit faire entendre que des paroles d'amour et de concorde, si la vue de ces pompes lugubres consacrées à la mémoire d'un Prince généreux, demandent que nous sacrifiions jusqu'à sa gloire à l'esprit de la charité chrétienne, et à notre respect pour les vœux de sa clémence royale, devrons-nous taire aussi la fermeté de ses avis à un peuple égaré et malheureux? Non, ce discours doit publier comment il soutint en toute rencontre l'honneur d'une couronne qui semblait avoir perdu son éclat, depuis qu'elle n'était plus environnée d'hommages, et qu'elle n'offrait que des amertumes et des dangers. Quelle noblesse dans la déclaration de ses droits imprescriptibles! Quelle vigueur dans son langage, d'ailleurs si affectueux et si paternel! Quelle constance à retenir le dépôt que la Providence lui avait confié, et à ne se laisser arracher aucune portion de l'héritage de ses aïeux! Pense-t-on que, vaincu par le malheur et lassé d'une vie fugitive et précaire, il sacrifiera ses droits inaliénables, au désir du repos et à l'assurance d'un dédommagement? Messieurs, ne craignez rien : il répondra comme Néhemie : *Num quisquàm similis mei fugit?* Est-ce à moi qu'on ose demander l'abandon de ce que la mort seule doit me ravir?

Allez dire à votre maître que *j'ignore les desseins de Dieu sur ma race et sur moi; mais je connais les obligations qu'il m'a imposées par le rang où il lui a plu de me faire naître. Chrétien, je remplirai ces obligations jusqu'à mon dernier soupir; fils de Saint-Louis, je saurai, à son exemple, me respecter jusque dans les fers; successeur de François Ier, je veux du moins pouvoir dire comme lui : Nous avons tout perdu, fors l'honneur.*

République de Venise , timide ou malheureuse (car je ne veux pas insulter à ton désastre , en te faisant légèrement un crime d'avoir cédé au torrent qui renversait tout) , chasse de ton territoire un Roi dépouillé, le descendant de tes plus zélés protecteurs; mais, auparavant, il faut que tu écrives toi-même dans *le livre d'or* le témoignage de ta faiblesse ; il faut que tu t'imprimes de tes propres mains une tache de honte et de confusion. Puisque tu oublies envers un Prince sans asile , ce que tu dois à ses ancêtres , va, efface de ce monument public le nom de Henri et de ses descendans , rends l'armure précieuse qu'il t'a donnée pour gage de sa protection et de son amitié. Celui qui te l'ordonne est ce Roi détrôné , assez grand dans la disgrâce pour faire respecter son nom , quand on n'a pas pitié de son infortune.

Rois de l'Europe , si vous êtes contraints de décorer des insignes de vos ordres celui qui a osé s'asseoir sur son trône , pour opprimer ses

sujets , Louis n'aura rien de commun avec l'usur-
pateur de sa puissance ; et , en vous renvoyant
avec une noble fierté ces témoignages d'une mu-
tuelle bienveillance , il apprendra qu'un Roi magnanime peut être dépouillé de sa grandeur , mais
jamais de sa dignité.

Et d'où lui vient , dans l'abandon , cette force
que rien n'abbat ? Chrétiens , l'Esprit-Saint vous
l'a dit : De ce que Dieu , qui veut des âmes géné-
reuses sur le trône , revêt lui-même de confiance
et de force ceux qu'il a faits dépositaires de sa
puissance. Il imprime dans leur cœur , avec la
conviction de leurs droits et de leur pouvoir ,
une assurance intrépide pour les maintenir. Cette
force est un besoin , et elle ne leur manque pas.
Elle est un devoir , et ils y sont fidèles par l'assis-
tance de celui qui les tient dans sa main. Louis
puisait la sienne dans sa foi. Chrétien fidèle à ses
devoirs , mais à des devoirs de Monarque , il était
incapable de se manquer à lui-même , lorsque tout
lui manquait. Il se souvenait de cette parole adressée
par le Seigneur au successeur de Moyse : *Soyez
homme, et ne craignez rien. Confortare et viriliter
age.*

Ne confondons pas cette admirable fermeté avec
un vain orgueil. L'orgueil, audacieux dans la prospérité , mais timide et lâche dans la mauvaise fortune , ne sait garder ni la modération dans l'une ,
ni la dignité dans l'autre. Insolent envers la faiblesse

il rampe devant la puissance, et n'allie jamais la bonté du cœur avec une juste fermeté. Dieu, qui nous conservait Louis, mais qui nous le conservait vraiment Roi, *servavi te*, avait formé dans son cœur des sentimens bien différens. Grand sans effort, par la situation naturelle de son âme, il parlait le langage d'un Roi, quand il fallait soutenir ce titre auguste, qu'il n'aurait pu trahir sans crime. Mais cette grandeur, qui le rendait si vénérable loin de ses états et de la cour la plus brillante, nous verrons comment il a su la tempérer, sur le trône, par la plus inépuisable bonté.

Et, dès le tems de ses malheurs, n'était-ce pas là qu'il se rendait tous les jours plus cher à ceux qui partageaient son exil? Fidèles serviteurs d'un maître qui n'avait plus, pour vous attacher à sa personne, que ses infortunes et sa bonté, ce serait à vous d'élever ici la voix et de nous dire combien il était sensible à vos moindres souffrances, par quelles marques de tendresse il s'efforçait de vous les adoucir, a quelles privations il se réduisait pour venir à votre secours. Vit-on jamais une sollicitude plus active, une bonté plus touchante, une reconnaissance plus sincère ? Une reconnaissance ! ô Prince, le digne sujet de nos regrets, en prononçant ce mot, je n'offense pas votre grand cœur. Vous l'avez publiée vous-même, à la face de tous les peuples. La providence, en vous réduisant à recevoir comme un bienfait ce qui vous était si justement dû , semble avoir voulu prouver combien votre âme était remplie de tous les nobles sentimens.

Quelle partie de la terre n'a pas entendu parler de la compassion de Louis pour ses infortunés sujets ? Avec quelle douleur il apprenait les maux cruels auxquels nous étions en proie ! un père ne voit pas avec plus d'amertume couler le sang et les larmes de ses enfans. Il aurait voulu dissiper un aveuglement déplorable , et ramener à la soumission et au bonheur un peuple furieux , mais toujours cher. Hélas ! en vain il lui adresse les déclarations les plus franches et les plus touchantes ; Seigneur , le moment n'était pas venu encore : il fallait que votre juste vengeance fût satisfaite , avant que nous vissions luire un si beau jour : *in tempore placito exaudivi te.* Grand Dieu ! en attendant l'heure de vos miséricordes , répandez du moins quelques consolations dans ce cœur paternel. Qu'une innocente princesse , fille unique de tant de Rois , après des amertumes , que Jérémie seul pourrait déplorer, s'échappe d'un lieu de larmes , de douleurs et de ténèbres , comme une colombe des filets du chasseur. Qu'elle retrouve , après tant de maux , une mère , un père , un roi , et Louis une enfant si admirable et si chère. Pontife saint , unissez dans l'exil et sans appareil des époux que tant d'infortunes ont destinés l'un à l'autre. Monarque vénérable , jouissez des embrassemens de cette famille, dont vous êtes le père à tant de titres, jouissez du bonheur de la voir toute réunie autour de vous. Qui mérita jamais mieux cette innocente félicité? Où trouvera-t-on plus d'amour que vous n'en avez eu jusqu'au dernier soupir pour un frère si digne de vous, pour des neveux, je me trompe, pour des enfans si respectueux et si tendres ?

Heureux témoins de ce touchant spectacle, dites si le bonheur des Français, si la joie de nous donner une mère dans la personne de cette pieuse et héroïque princesse, n'arrachaient pas à Louis des larmes de tendresse au milieu de cette fête modeste et de ces douces émotions?

C'est que sa bonté ne voyait dans les princes de son sang qu'une portion de sa famille, et des héritiers de son amour pour elle, comme il ne pouvait voir dans les Français, sous quelque bannière qu'ils eussent combattu, que des sujets et des enfans. A Mittau, voyez comme il accueille ceux que le sort des armes a fait tomber au pouvoir de l'ennemi. Se souvient-il qu'ils ont lutté contre sa cause? Au contraire, quels soins il leur prodigue ! quel adoucissement il apporte à leurs maux , faisant panser leurs blessures, répandant les secours avec les consolations, et forçant ces malheureux, qui n'avaient jamais connu tant de bonté, à bénir ce grand prince, et à regretter d'avoir combattu contre la justice de ses droits ! Quel spectacle pour des yeux qui n'avaient jamais vu le Roi de France, et pour des cœurs qu'on avait accoutumés à le haïr, en le peignant sous des traits bien différens !

Apprend-il que cent cinquante mille Français, échappés au désastre de la plus belle armée du monde sont demeurés au pouvoir d'un magnanime empereur; il s'empresse de recommander ces enfans infortunés à la générosité de cet illustre monarque, et le conjure d'adoucir leur sort. S'il n'a pas le pouvoir encore de briser leurs fers, se faisant reconnaître pour leur Roi, il veut, du moins, leur montrer qu'ils ont un père, qui souffre de leurs douleurs, et qui n'emploie que pour les soulager, ce que la divine Providence lui a laissé de crédit auprès d'un généreux vainqueur. C'est ainsi qu'il fait bénir sa bonté jusqu'au fond de la Sibérie, et qu'il montre aux Français et à l'Europe un prince aussi digne de notre admiration que de notre amour.

Mais, hélas ! cet esprit profond que l'étude avait embelli encore de tant de grâces et de si vastes connaissances, ce courage intrépide, cette fermeté rare, ces héroïques sentimens, cette humanité tendre et compatissante, tant d'autres qualités admirables n'auront-elles brillé dans ce grand Prince que pour décorer son exil, et augmenter nos regrets ? Lorsque nous venons déplorer ici tout ce que la mort nous a fait perdre, en terminant ses jours, faut-il que nous gémissions encore de n'avoir jamais vécu sous ses lois ? Non,

Chrétiens, non. Nous avons vu de nos yeux, ce que l'étranger publie avec transport. Si la Providence n'a pas accordé plus tôt à nos vœux ce sage Monarque, et si elle l'a envié si promptement à notre amour ; elle n'a pas voulu du moins qu'il ne régnât que dans nos désirs et dans nos regrets. Mais il devait être entre ses mains un instrument de salut dans le tems qu'elle avait marqué. C'était un présent dont elle voulait nous faire mieux sentir le prix, en le gardant plus long-tems dans les trésors de sa miséricorde. La sagesse et la puissance de Dieu devaient éclater dans une restauration toute miraculeuse. Il fallait que le pacificateur d'un peuple livré visiblement à tous les maux par la vengeance céleste, fût ramené dans ses états par un prodige non moins visible : *in tempore placito exaudivi te* ; afin que tout esprit connaisse et que toute langue avoue, qu'il n'y a point d'autre Dieu que le Seigneur, qui réserve à lui seul le soin et la conduite de ses créatures. C'est ce qu'il me reste à vous montrer.

II.ᵉ *Partie.* C'est la sagesse éternelle qui atteint avec force aux extrémités les plus opposées, et qui dispose avec douceur tout l'ordre de ses impénétrables desseins. Elle marque le point, le moment précis, et les événemens suivent sans confusion, les difficultés s'applanissent, les moyens les plus contraires servent et concourent avec un admirable concert ; tout se démêle et s'ar-

range ; comme dans un édifice, l'habileté de l'ar-
chitecte, plaçant avec ordre les matériaux divers,
offre bientôt à nos regards le temple magnifique
ou le vaste palais dont son génie avait d'abord
imaginé le plan. Ou bien, pour parler de cette
sagesse divine, dans un langage plus approprié à
nos faibles vues, elle attend avec patience l'instant favorable, ne précipite point, parmi d'invin-
cibles obstacles, l'accomplissement de ses conseils,
et ne montre aux hommes le port du salut, que
quand lassés de la tempête, ils sentent le besoin
d'y chercher un asile. *Attingit a fine usque ad
finem fortiter, et disponit omnia suaviter.* Chrétiens,
c'est ainsi que je pourrais vous faire voir le Dieu
qui ne se lasse point, parce qu'il est éternel, laissant
tomber la fureur de nos discordes et l'enchante-
ment de nos rêves puériles, pour nous montrer,
dans un Roi clément et dans les institutions de
sa sagesse, le seul port où nous puissions trouver,
avec la liberté, le calme et la paix. Plus tôt, ces
royales institutions n'auraient trouvé peut-être ni
des esprits assez désabusés des vains systêmes, ni des
cœurs assez disposés par une douloureuse expé-
rience à ne chercher le bonheur que sous le
sceptre paternel de leurs légitimes Souverains. Il
fallait, peut-être, que la licence et la servitude,
l'anarchie sanglante et un sceptre de fer, avec un
ordre régulier et l'éclat de la gloire, précipitant
tour-à-tour un peuple malheureux dans tous les
excès et dans toutes les misères, lui fissent sen-

tir, après tant d'égaremens, le besoin de l'auto-
rité tutélaire, qu'il avait eu le malheur de ren-
verser.

Quoiqu'il en soit (car je laisse à d'autres le soin
d'approfondir cette pensée), il me suffit de montrer, par l'événement lui-même, que le bras de
Dieu n'est pas raccourci, et qu'il sait, quand
il lui plaît, faire éclater sa gloire et sa puissance.

Arrêtez donc ici vos regards, et rappelez-vous
ce qui ne saurait encore être effacé de vos souvenirs; rappelez-vous cette chute rapide d'une
puissance qui avait porté si loin la terreur; nos
guerriers étonnés de ne plus vaincre; leur valeur
toujours intrépide, mais forcée de céder au nombre;
la France couverte de ces légions innombrables,
tant de fois vaincues jusque dans leurs foyers;
la capitale soumise malgré la plus courageuse ré-
sistance; et, cependant, rien de terrible dans le
regard ni sur les lèvres des princes que la victoire avait conduits au milieu de nous; nulle me-
nace de vengeance après tant de revers et tant
d'outrages. Rappelez-vous ce changement soudain,
ce transport unanime, ce concert de tous les cœurs
et de toutes les voix, ce cri sorti de toutes les
bouches, cet empressement de voir un Prince si
peu attendu. Qui dira, qui expliquera cette ivresse,
cette révolution incroyable, inouie jusque-là dans
l'histoire du monde ? Sagesse des hommes,
ressorts secrets d'une politique deliée, plans adroi-
tement conçus, qui osera vous attribuer cette mer-

veille? Qui osera dire : *le doigt de Dieu n'est pas
ici*, et *ce n'est* pas *là un changement de sa droite.*
Nation généreuse, mais trop long-tems aveuglée,
quelle lumière, t'éclairant tout-à-coup, réveille
dans ton cœur avec tant de force ton amour
pour tes Rois ? La veille tu te défendais encore
contre tes libérateurs et voilà, que, transportée
d'une ardeur aussi vive que soudaine, tu les
bénis et les embrasses ! Sages et Sénateurs, direz-
vous que c'est votre ouvrage, quand vos dé-
crets n'ont fait que suivre et confirmer cet élan
unanime ? Princes et monarques, vous ne vous
êtes point attribué une révolution que vous n'a-
viez pas prévue, et que vous avez admirée plus
que tous les autres. Guerriers courageux, votre
fidélité à d'autres drapeaux, était moins un ache-
minement qu'un obstacle à ce retour.

C'est donc Dieu qui a tout conduit, selon sa parole,
lui qui tient dans ses mains les esprits et les volontés. C'est lui qui a rendu tout-à-coup si cher,
un Prince oublié, inconnu à la génération nouvelle, redouté par plusieurs, ardemment désiré,
mais presque sans espoir, par ceux qui avaient
toujours gémi sur son éloignement et sur nos
malheurs. C'est lui qui a fait tomber dans le
moment marqué par sa miséricorde, et les répu-
gnances héréditaires, et les injustes défiances, pour
réunir tous les cœurs dans un même concert de
bénédictions et d'amour. C'est lui qui a changé
en un clin-d'œil les dispositions de tout un peuple,

pour le faire courir, comme un seul homme, au-devant d'un vénérable vieillard, qui n'avait pour cortége que ses vertus, pour éclat que ses droits sacrés et ses longues infortunes, pour garde que sa confiance dans des sujets long-tems égarés. C'est lui, c'est l'opération douce et secrète de sa puissance qui a rangé autour du fils de Saint-Louis, ceux mêmes qui avaient appréhendé son retour : *Hæc mutatio dexteræ Excelsi.* Oui, tout confond ici les réflexions humaines. Je le dis hardiment dans cette chaire, après que la France entière l'a publié dans les transports de son admiration et de sa reconnaissance. Qu'importe que cet admirable concert ait paru se démentir onze mois plus tard, lorsqu'un vent impétueux, se levant du côté du midi, vint troubler cette sérénité par une nouvelle tempête, et précipita encore au travers de la France épouvantée l'affreux torrent qui devait causer tant de ravages. La merveille dont je parle n'en est que plus étonnante. Il ne fallait rien moins que le doigt de Dieu pour confondre dans les mêmes témoignages de respect et d'amour, ou pour forcer du moins au silence, ceux qui ont eu le malheur de se laisser aveugler plus tard. Non, tant d'yeux ouverts tout-à-coup sur nos véritables intérêts, tant d'illusions dissipées, tant de préjugés détruits, le remède cherché là même où l'on s'était obstiné à ne voir qu'une source de maux, les Français unanimes dans leurs transports, les puissances étrangères elles-mêmes, saisies de respect à la vue d'un Roi naguère oublié dans l'exil, et rendant librement à la couronne de France, les marques d'égards que la victoire semblait leur donner le droit de refuser; toutes ces merveilles inattendues sortent de l'ordre accoutumé, et doivent forcer les plus incrédules à reconnaître que celui qui commande aux tempêtes et aux flots, a étendu sa main puissante, pour guérir lui-même les plaies dont il nous avait justement affligés.

Que j'aimerais, Messieurs, à vous rappeler ce jour de joie et de triomphe où Louis parut au milieu de ses enfans; cette foule avide de contempler ces traits augustes, où le malheur rehaussant encore la majesté, avait imprimé je ne sais quoi de tendre et de paternel, qui était un gage de clémence et de bonté pour tous! Que j'aimerais à remettre sous vos yeux, ces fêtes touchantes où il ne se mêlait plus de contrainte, ces embrassemens mutuels, présage d'une paix inaltérable, ces monarques de l'Europe, témoins de notre félicité; Louis conduit, porté dans la demeure de ses pères, par ses heureux sujets, et les larmes de joie coulant de tous les yeux au milieu des acclamations et des transports!

Mais, puis-je mêler cette pompe à cet appareil funèbre? Ah! ce lugubre monument demande à nos yeux d'autres larmes, et le souvenir d'un retour si fortuné, indispensablement lié à mon triste sujet, ajoute encore à l'amertume de notre juste douleur. Cependant, il faut en suspendre le cours, pour songer aux bienfaits d'un règne, hélas! de trop courte durée.

Vous qui, à l'aspect de cet illustre proscrit, croyez trouver une réponse de mort dans le souvenir d'une horrible sentence, d'un crime que je ne veux plus nommer, depuis que la magnanimité de mon Roi en a abandonné la punition à la justice divine et à vos remords; ne craignez rien : Louis est donné à sa patrie comme un pacificateur : *dedi te in fœdus populi.* Il vient, non diviser, mais unir; non punir, mais pardonner. Les dernières volontés d'un Roi-martyr et la bonté de son généreux cœur vous sont un gage de grâce et de clémence. C'est le père de famille qui rentre dans son héritage, n'appréhendez pas qu'il en achève la ruine. Il vient en rassembler les débris épars; il vient réparer l'édifice antique qu'avaient élevé avec tant de magnificence les mains de ses glorieux ancêtres. *Ut possideres hœreditates dissipatas.* Français, qui que vous soyez, vous n'êtes à ses yeux que des enfans. Vivez en paix sous son sceptre paternel: de nouveaux crimes peuvent seuls attirer sur vous de justes châtimens. Guerriers, servez votre Roi, comme vous fûtes fidèles à un autre maître: il vous laisse vos charges et vos dignités. Heureux, si, dans un jour de séduction et de vertige, vous ne vous laissez pas rassembler autour d'une bannière que vous ne sauriez plus défendre sans crime ! Magistrats , rendez la justice au nom de votre légitime Souverain : vous n'aurez point à rétracter vos sentences par d'autres arrêts , ni à finir dans une obscurité douloureuse une vie passée jusqu'ici, sous d'autres auspices, dans d'honorables fonctions. Les charges de l'état seront acquittées jusqu'à la dernière obole , et , si de nouveaux malheurs les aggravent, Louis aimera mieux combler encore cet abyme par les sages retranchemens de l'économie , que de laisser douter un instant de sa royale fidélité.

Ici , Messieurs, je sens toute la grandeur de ma tâche et toute l'insuffisance de mes forces. Il s'agit de la monarchie rétablie sur ses antiques fondemens , et offerte en même tems à nos regards , sous des formes que n'avaient pas connues nos pères; il s'agit d'une alliance admirable des tems anciens avec un âge nouveau; de la liberté heureusement unie par un sage tempérament avec la dépendance; de la licence en apparence accueillie et pourtant réprimée et confondue. Il s'agit d'une sagesse tranquille, qui ne se dément pas plus dans les succès que dans les revers , et qui , sourde à tous les cris des passions humaines, pose, d'une main sûre, la barrière inébranlable où elles doivent venir se briser. Il s'agit d'un Monarque assez fort des droits de ses aïeux et de notre amour, pour se réserver la plénitude de sa puissance, mais qui se dépouille librement d'une partie de son pouvoir, pour affermir, sur une base immuable, notre bonheur et notre liberté. Il s'agit de cette Charte royale, monument immortel de sa bonté et de ses lumières, dont sa prudence, incapable d'entêtement, comme son cœur l'était de haîne, a fait un lien indissoluble des mœurs anciennes avec les goûts nouveaux, des besoins d'aujourd'hui avec de trop justes regrets, des pères avec les enfans, de la fidélité toujours inébranlable avec le repentir sincère.

Il appartient aux politiques d'en développer les vues profondes ; de montrer, par quel accord, la loi nouvelle reproduit et continue les usages de nos aïeux; comment un équilibre parfait, balançant les pouvoirs, les droits et jusqu'aux passions, en forme un heureux concert pour le bien, et une barrière insurmontable aux abus de la puissance et de la liberté. Pour nous, que nos études et notre ministère n'ont point rendus propres à pénétrer dans ces secrets, nous nous contenterons de célébrer dans cette chaire la modération chrétienne qui a produit ce chef-d'œuvre.

Car c'est là, Messieurs, qu'il en faut chercher le principe. Oublier les torts et les erreurs, pardonner les excès, réunir autour de lui tous les membres d'une grande famille, éteindre toutes les dissentions, étouffer toutes les haînes, ôter les prétextes à la révolte et aux regrets, en traitant avec condescendance, avec ménagemens, avec confiance même et avec libéralité, ceux qui n'avaient pas toujours été fidèles; et en même tems arrêter l'ardeur toujours noble, quoique quelquefois trop vive d'un zèle sincère : tel fut, vous le savez, le plan invariable que Louis s'était prescrit; sans que ni le retour de la rébellion avec ses ravages, ni l'effusion à jamais déplorable du plus pur sang, aient pu l'en écarter. Toujours prêt à faire grâce, il lui en coûtait d'être Roi, quand le besoin d'une juste sévérité le forçait d'abandonner à leur sort ceux que n'avait pu corriger sa clémence. Digne fils de Henri-le-Grand, il n'exclut de ses conseils et de sa confiance ni les Mayennes ni les Guises, quoiqu'il en coûtât à son cœur, non de se reposer sur la parole de ces sujets long-tems égarés, et depuis loyaux et fidèles; mais de ne pouvoir, en même tems, donner au dévouement de la vertu malheureuse tout ce que demandaient la justice et sa tendresse. Serviteurs généreux, votre Roi vous a bien jugés quand il vous a associés à l'accomplissement des desseins de sa clémence. Il savait que vos nobles cœurs, après tant d'autres sacrifices, attendraient encore avec patience des jours plus heureux et verraient même, s'il le fallait, sans murmurer, vos droits oubliés et sacrifiés à la nécessité des tems. Sa confiance n'a pas été trompée. Hélas ! sa bonté vous réservait le prix de tant de constance. Déjà une promesse solennelle vous l'avait annoncé : le coup funeste qui nous l'a ravi, a pu seul tromper vos justes espérances.

Mais que dis-je? L'auguste héritier de sa sagesse et de sa bonté, encore plus que de son sceptre, peut-il laisser sans exécution cette royale promesse? Non, LOUIS revit tout entier dans un Prince si généreux, si loyal, si plein de compassion pour le malheur. Non, les larmes de la veuve essuyées déjà par ses mains royales ; non, ses oreilles paternelles si ingénieuses à distinguer, au milieu des acclamations, les cris de l'infortune et du désespoir ; non, ce libre accès donné à l'amour, aux hommages de tous les rangs, à la douleur surtout et à la misère; ce règne commencé sous de si touchans auspices, et consacré par la piété, ne permettraient ni regrets ni soupirs, comme ils ne laissent aucune inquiétude, s'il était possible au plus riant avenir, et au meilleur des Monarques, de faire oublier si promptement celui à qui la France sera éternellement redevable de son repos. Achevez, grand Roi, achevez la tâche glorieuse et difficile de votre vertueux frère. Continuez un règne si court et si bien rempli : la carrière de LOUIS est terminée. Conservé parmi tant d'orages, pour rendre la paix à un royaume si long-tems agité par les plus violentes tempêtes, il a accompli son auguste mission. Il a vu les haînes, assoupies par ses soins, faire place à l'union des cœurs : *dedi te in fœdus populi.* Il a vu les désirs et les efforts de sa piété couronnés par le plus heureux succès ; la religion refleurir avec splendeur dans l'héritage des enfans de Saint-Louis ; les Eglises de France , ou consolées d'une longue viduité , ou tirées d'un oubli douloureux et rendues à la dignité de leurs siéges. A sa voix , la paix a fécondé nos campagnes ; l'industrie et les arts , encouragés par ses regards paternels , ont enfanté de nouvelles merveilles ; et la France , heureuse au-dedans par notre concorde , et riche de sa fertilité , a repris entre les nations le rang que nos divisions seules pourraient lui faire perdre : *Ut suscitares terram.*

O Roi , dont le nom , aussi cher à nos derniers neveux qu'à nous-mêmes, rappellera toujours un consolateur et un père , si la mort (puisque notre douleur , trompée par le récit de vos bienfaits , est forcée enfin de prononcer ce mot , et de s'arrêter à cette lamentable idée) , si la mort vous a si tôt ravi à l'amour de la France, du moins, avant de recueillir une couronne éternelle dans la céleste patrie , vous avez sauvé l'héritage de vos ancêtres ; vous avez affermi ce trône , ébranlé par les plus violentes secousses ; vous transmettez paisiblement votre couronne à un autre vous-même , et jamais cette glorieuse monarchie ne vit le sceptre de Charlemagne passer plus heureusement en des mains plus dignes de le porter : *Ut possideres hœreditates dissipatas.* Si, pour donner un nouvel éclat à votre vertu ; si, pour purifier par les tribulations des taches que la fragilité humaine n'évite pas toujours, et que la justice divine, plus rigoureuse que la nôtre, aurait découvertes dans une si belle vie, vous avez été contraint, au milieu même de nos hommages, de rouvrir aux larmes des yeux qui semblaient n'en devoir plus répandre; si une nuit de funeste mémoire a enveloppé pour jamais dans ses lugubres ténèbres un des enfans de votre adoption, le Seigneur a bientôt consolé votre vieillesse par un nouveau miracle. L'arbre, coupé jusque dans sa racine, a poussé un royal rejeton, tendre tige qui a réjoui vos cheveux blancs et a rendu l'espoir à la France, en même tems qu'elle a fait éclater le courage héroïque d'une jeune mère, si digne des consolations de notre amour.

Une gloire semblait manquer à ce beau règne : Messieurs, le ciel ne l'a pas enviée à notre illustre Monarque. Mais il la lui a donnée plus éclatante qu'à aucun des Rois de son sang. Sans que je le dise, votre admiration rappelle déjà une guerre sainte, si admirable dans ses motifs, si rapide dans ses succès, mais moins étonnante encore par la victoire qui ne trahit guère la valeur de nos guerriers, que par la sagesse du héros, et la modération de ses intrépides phalanges. Rébellion sanglante, tu n'épouvanteras plus le monde du spectacle de tes fureurs et de tes attentats. Poursuivie avec l'impétuosité de l'éclair par un Prince magnanime, te voilà vaincue dans ton dernier asile. En vain tu te caches comme le vautour parmi des rochers inaccessibles pour dérober ta dernière proie au bras prêt à te frapper ; en vain, poussant des cris de rage, tu opposes de toutes parts tes serres menaçantes ; il faut que tu tombes sous les coups d'un vainqueur infatigable, et que ton irréparable défaite, rendant hommage à la bannière sans tache, plonge pour jamais dans l'oubli les couleurs que tu avais ensanglantées.

Que reste-t-il donc à un Prince, qui, après avoir affermi son trône, relève si généreusement celui d'un autre descendant de Louis-le-Grand, sinon qu'il donne au monde un dernier et touchant exemple parmi les douleurs et les défaillances de la nature. Quelle piété, quelle résignation, quelle vue tranquille du dernier moment ! Tant qu'il a été possible, il a surmonté les souffrances et la faiblesse, pour épargner à un peuple toujours cher de trop longues alarmes. Ne pensez pas qu'il tremble ou qu'il cherche à se flatter. Il voit sa fin prochaine, mais il la voit en chrétien. Nul regret à ce qu'il quitte : sa foi lui a montré, depuis long-tems, le néant des grandeurs et le prix de la seule couronne que le trépas ne ravisse point. Il se jette avec confiance entre les bras de la miséricorde divine. Ce n'est pas d'aujourd'hui qu'il connaît la pratique et le langage de la piété; elle a fait sa consolation dans l'exil, elle l'a soutenu sur le trône parmi les soucis de la souveraine puissance : il l'y avait fait asseoir avec lui. Elle le rassure à ce moment suprême, elle met sur ces lèvres des expressions vives d'amour et de componction. Les divines écritures, dont il a nourri son cœur, lui sont une source sacrée où il puise des consolations et des forces. Dès que la nature défaillante annonce le progrès du mal, il veut, humble chrétien, se munir du pain des forts, pour le dernier combat. Lui-même, parmi les larmes de sa famille désolée et de ses fidèles serviteurs, il sollicite le sacrement des mourans; il s'unit aux prières qui accompagnent les onctions sacrées, il montre avec tranquillité au pontife, les parties saines où l'huile sainte coulera sans se mêler aux débris d'un corps qui tombe. La douleur trouble le ministre saint, et met du désordre dans la récitation des dernières prières. *Vous omettez quelques paroles*, lui dit avec calme le Monarque mourant. Tranquille sur le sort de la France, qu'il laisse en de si sages mains, il bénit son auguste famille, et, plein de confiance dans les mérites de Jésus-Christ, dont il baise avec amour les plaies sacrées, il s'endort du sommeil de paix.

Chrétiens, ainsi meurent ceux qui n'attendent pas, pour renoncer à la vanité, que la mort avec ses froides mains vienne glacer leurs sens et leur cœur. Une mort pieuse n'est guère que le fruit d'une vie fervente. On est surpris quand on renvoie à la dernière heure une préparation si difficile. Que d'aveugles se flattent jusqu'à ce moment fatal, et tombent sans s'être reconnus entre les mains du Souverain juge ! Mes Frères, que l'exemple d'un pieux Monarque nous serve d'instruction, en même tems qu'il apporte quelque soulagement à notre douleur, par l'espoir qu'il a été reçu dans le séjour de la paix et de la félicité.

Si pourtant quelques dettes encore l'en tenaient éloigné ; s'il avait besoin de purifier, dans un lieu de-gémissemens, quelques restes d'imperfections et de faiblesses ; si une vie, non moins remplie d'épreuves et de souffrances qu'illustrée par toutes les vertus royales, offrait encore des taches aux yeux de celui qui *juge les justices ;* si des privations inouies, des maux endurés avec tant de résignation, l'ingratitude punie par de nouveaux bienfaits, les outrages oubliés, toutes les amertumes éprouvées en même tems avec un esprit si calme et un cœur si chrétien, ne suffisaient pas encore pour introduire cette belle âme dans le sein d'Abraham ; si le sang de la victime pure qui vient d'être offerte pour ce grand Prince ; si tant de vœux adressés déjà au ciel dans toute la France ; si les gémissemens des vierges, les macérations des solitaires, les prières des lévites ; si les derniers secours de l'Eglise reçus avec tant de piété ; si une foi vive, un détachement sincère, une confiance humble, tous ces justes motifs de consolation que nous laisse une mort sainte, n'avaient pas procuré encore à notre Roi toute la beauté de la robe nuptiale, sans laquelle on n'entre point dans la salle de l'éternel banquet ; ô mes Frères, ô Français, refuserons-nous, à un père si tendre, de nouvelles instances et de nouveaux secours ? Laisserons-nous gémir celui qui mettait tous ses soins à essuyer nos larmes ? Ne nous hâterons-nous pas d'ouvrir, par nos soupirs et nos bonnes œuvres, la porte du séjour de paix à celui qui n'a eu de désirs et de pensées que pour notre repos ?

Hélas ! cette pompe lugubre, ce faible éloge de ses vertus peuvent suffir à la bienséance ; mais doivent-ils suffir à notre reconnaissance et à notre amour ? Chrétiens, donnons à sa mémoire autre chose que des larmes, et de stériles louanges. Des vœux ardens, des œuvres de miséricorde, notre abondance partagée avec ceux qui n'ont rien, le saint sacrifice offert avec piété : voilà ce qui achèvera de réunir le fils de Saint-Louis à ses illustres ancêtres, ce qui l'introduira dans *le lieu de rafraichissement, de lumière et de paix.*

FIN.